Capitaine COIPEL

DU 9e RÉGIMENT D'INFANTERIE

LE
RECRUTEMENT DES INDIGÈNES
D'ALGÉRIE

PARIS

LIBRAIRIE MILITAIRE R. CHAPELOT ET Cie

IMPRIMEURS-ÉDITEURS

30, Rue et Passage Dauphine, 30

—

1910

Tous droits réservés

Capitaine COIPEL

DU 9ᵉ RÉGIMENT D'INFANTERIE

LE
RECRUTEMENT DES INDIGÈNES
D'ALGÉRIE

PARIS

LIBRAIRIE MILITAIRE R. CHAPELOT ET Cⁱᵉ

IMPRIMEURS-ÉDITEURS

30, Rue et Passage Dauphine, 30

—

1910

Tous droits réservés.

LE
RECRUTEMENT DES INDIGÈNES
D'ALGÉRIE

Lors de la discussion de la loi de recrutement et de son application à l'Algérie, M. Gérente, sénateur de notre colonie, s'exprimait en ces termes : « Pour trouver les 4,000 hommes dont vous avez besoin, nous vous répondrons : il est très facile, si vous vous adressez — le gouverneur général de l'Algérie vous l'a indiqué — au recrutement indigène, de retrouver une compensation au delà même du déficit de manquants que vous indiquez. » Trois ans plus tard, M. le rapporteur du budget de la guerre reprend cette idée, lui donne plus d'extension et propose d'appliquer, comme en Tunisie, la conscription aux Arabes d'Algérie. « La France, écrivait-il dans le *Matin*, a besoin d'hommes pour créer les unités nouvelles indispensables à la défense nationale. »

Aussitôt, la presse algérienne se leva en masse contre la proposition de M. Messimy.

« Vous voulez compromettre la sécurité de la France africaine en armant une race, hier encore notre ennemie et mal résignée à notre domination ! Que faites-vous de la prédominance de l'élément français dans la colonie, si à cet impôt du sang vous ajoutez son corollaire indispensable, le droit de vote ? » De bons apôtres nous faisaient remarquer qu'une telle mesure serait une violation de la convention du 5 juillet 1830, passée entre le comte de Bourmont et le dey d'Alger. N'avions-nous pas promis de respecter les personnes, les lois, les coutumes et les propriétés de nos nouveaux sujets? D'ailleurs, comment « appeler » les indigènes, quand leur état civil existe à peine?

Le projet de M. Messimy, élaboré au seul point de vue de l'intérêt général, devint par la polémique une question arabe et surtout une question algérienne. Acceptons l'ordre de discussion qui nous est ainsi imposé. Voyons si l'intérêt militaire qui, dans cette question, se confond avec celui de la défense nationale, doit céder le pas aux craintes des Algériens et aux droits supposés des Arabes.

Les colons, pour les avoir vus à l'œuvre, savent apprécier le loyalisme et le dévouement à notre cause des tirailleurs algériens. Lors de la petite insurrection de Margueritte, une section du 1er tirailleurs marcha contre les émeutiers et fit son devoir sans défaillance. Tous les officiers qui ont commandé à des indigènes, loin de tout appui de troupes européennes, n'ont jamais senti fléchir la fidélité de leurs soldats. Le général Lyautey, qui sait avec tant d'habileté employer les corps indigènes, a fait disparaître dans les régions sahariennes l'anomalie qui consistait à composer un détachement mi-partie d'Européens, mi-partie d'Arabes ; on enlevait à ces derniers le meilleur de leur rendement. La bravoure, l'abnégation de nos indigènes ont toujours été l'objet de l'admiration générale. N'est-il pas digne des héros de notre grande épopée, le stoïcisme de ce Moghazni qui, blessé grièvement au combat d'Haci-bou-Lakhal, le 11 février 1904, répondit simplement à un officier qui s'apitoyait sur son sort : « Que veux-tu, mon lieutenant, c'est le service ! »

Tant que les Arabes seront sous les drapeaux et encadrés par des éléments français, nous ne craignons pas une révolte, répondront les Algériens, mais vous allez initier au métier des armes des réserves d'indigènes qui peuvent un jour se servir contre nous des connaissances militaires acquises ! Les Arabes, répliquerons-nous, forment une race guerrière, ils n'attendent pas nos leçons pour apprendre l'usage des armes, ils le connaissent tous, dès l'âge le plus tendre ; la plus grande punition, chez eux, pour un enfant, est de lui interdire de tirer un coup de fusil le jour de la « fête de la poudre ». Ils ont, en outre, pour doubler leur valeur guerrière, un facteur moral d'une grande puissance : le fanatisme religieux, qui n'a d'égal dans notre histoire que l'ardent patriotisme de nos soldats de la Révolution. Si nous les avons vaincus, nous le devons en grande partie à leurs dissensions intestines, à notre meilleure organisation militaire. Nous disposons des mêmes moyens ; la mer est toujours ouverte à nos transports, qui la traversent plus rapidement que jamais. Les Algériens n'ignorent pas, d'ailleurs, qu'en territoire militaire, notamment dans les cercles de la frontière marocaine, l'armement des goumiers est confié aux caïds. Ils ne s'en sont jamais servi que pour la défense de notre cause.

Une augmentation des unités de tirailleurs pourrait donc garantir mieux encore la sécurité des colons et, de plus, elle ne serait pas sans profit pour les habitants des villes d'Algérie. Leur commerce bénéficierait de la présence des garnisons, et cela sans que les municipalités eussent à assurer la charge de nouvelles constructions. Édifiés au fur et à mesure de la progression de la conquête, les casernements existants suffisent pour un effectif double de ce qu'il est. Si en Oranie, par exemple, les bataillons de tirailleurs étaient portés à douze unités, la répartition des six nouveaux bataillons pourrait être la suivante : Mostaganem aurait un bataillon de plus ; Tiaret en partagerait un avec Relizanne qui, en 1904, vit partir avec tant de regrets son détachement de tirailleurs. Pour les nécessités du recrutement, Amimi-Moussa, Zemora, Cassaigne auraient des unités d'un même bataillon ; Mascara recouvrerait son bataillon ; Tlemcen daignerait peut-être encore accepter des tirailleurs. Le 6ᵉ bataillon trouverait son emploi sur les Hauts Plateaux. Dans ces affectations, rien ne semble devoir éveiller les craintes des Algériens.

En résumé, comme beaucoup de nos camarades qui ont été en contact avec des indigènes, nous ne croyons pas à la possibilité d'une insurrection en Algérie. Des émeutes comme celle de Margueritte, ou encore dans le genre de la petite échauffourée qui eut lieu récemment en Tunisie, seront des faits très localisés, et dont on évitera facilement le retour en traitant les Arabes avec plus de considération et plus de justice. Les colons, vrais fils de Français le savent. Les Néo-Français, insuffisamment imprégnés de la culture française qui désirent des garanties plus grandes de sécurité, les obtiendront par une active coopération à l'œuvre de justice et d'humanité que poursuit le gouverneur actuel de l'Algérie; politique qui a rendu M. Jonnart populaire jusque parmi les tribus sahariennes. Nous en avons eu le témoignage chez les Doui-Ménia.

L'appel sous les drapeaux des Arabes d'Algérie ne serait pas une violation de la charte établie par la convention du 30 juillet 1830. « Le respect des personnes » n'a d'autre sens que l'interdiction d'user de représailles contre les belligérants de la veille. On a toujours le droit d'employer les services des nouveaux sujets à la défense de la Patrie commune. En réalité, le service militaire obligatoire existe déjà en Algérie. Les goums sont soumis à « la réquisition permanente pour la protection du territoire ». Cette formule restrictive n'a pas empêché de les employer dans l'expédition de Casablanca ; et, loin de s'en plaindre, ils ont montré au départ un véritable enthousiasme.

Dans les traités qui nous lient aux Arabes, rien ne s'oppose à l'application de la conscription dans la partie du territoire civil où l'état civil des Arabes est constitué.

Mais avons-nous moralement le droit de demander

l'impôt du sang à nos sujet de l'Afrique du Nord? Oui, si notre occupation a été pour les Arabes une source de réels bienfaits. Or, la chose n'est pas niable, ces bienfaits sont trop manifestes, et, à défaut des masses ignorantes qui n'ont pas encore renoncé à certains préjugés de race, la partie éclairée de la population indigène en a pleine conscience ; elle le témoigne par sa loyale soumission à notre empire. Grâce à nous, le droit de propriété a été garanti ; le commerce jouit d'une sécurité absolue, les transactions ont considérablement augmenté par suite du développement des voies de communication. Nous avons créé des œuvres d'assistance pour indigènes. En un mot, sans effort de leur part, en quelques années, nous leur avons assuré tous les avantages de notre civilisation. Il est juste, en retour, qu'ils contribuent à la défense de cette Patrie française, si bienfaisante pour leur race. L'Arabe payera cette dette sans récriminer ; d'abord, grâce à son fatalisme qui lui fait accepter la loi du plus fort, ensuite parce que la conscription est de toutes nos lois, celle qui répugnerait le moins à sa nature guerrière. Enfin, nous pouvons tirer argument de ce qui s'est passé en Tunisie, où, bien avant notre protectorat, cette même conscription a été établie par la loi beylicale du 12 redgeb 1276 (6 février 1860) et acceptée des indigènes.

Mais, en toute justice, nous ne pouvons demander à nos sujets africains ce nouvel[1] impôt, sans une compensation. Il ne saurait être question de leur accorder la naturalisation. D'abord, ils n'en veulent pas, ils ne comprennent rien à nos formes administratives, ils s'en méfient. Le sénatus-consulte du 14 juillet 1865 a mis la grande naturalisation à leur portée. Jusqu'en 1900, en 35 années, 1159 indigènes en ont profité. En 1907, 10 naturalisés, presque tous fonctionnaires. Les officiers indigènes qui,

---

[1] En Algérie, l'Arabe seul paie l'impôt foncier.

pendant de longues années, vivent au contact de leurs camarades français et connaissent les avantages des lois françaises, ne recherchent jamais notre nationalité.

Leur accorder le droit de suffrage serait une absurdité et une folie. Le temps est bien loin où il sera possible de faire de tous nos Arabes de vrais citoyens français.

L'impôt du sang n'entraîne pas nécessairement la jouissance du droit de vote. Ce droit, tous les Allemands ne le possèdent pas encore. Nos protégés tunisiens n'ont pas de représentant au Parlement et cependant ils sont soumis au service militaire obligatoire. Sur cette question les Algériens peuvent être tranquilles ; la prédominance de l'élément européen n'est pas menacée.

Il ne reste à concéder aux Arabes que des avantages matériels, auxquels ils seraient loin d'être insensibles. La question de compensation doit être envisagée à ce seul point de vue. Pour que cette charge nouvelle ne suscitât aucune émotion dans les milieux indigènes, il y aurait intérêt à la présenter avec certains ménagements. Il faut renoncer, de prime abord, à l'idée de placer des unités de tirailleurs en garnison dans le Midi de la France ; cette mesure leur serait *souverainement désagréable.*

L'Arabe aime son ciel d'Afrique, il répugne à l'idée de trop s'éloigner de sa tribu. L'envoi à Bizerte, pour une année, des bataillons du 1er et 2e tirailleurs, a nui au recrutement de ces régiments. Les rengagés qui arrivaient au terme de leur service, pendant leur séjour à Bizerte, se faisaient libérer pour aller se rengager à proximité de leur famille, ce qui augmentait nos dépenses militaires.

On leur faciliterait en France, dit-on, leur façon particulière de vivre. Sans parler de la question des femmes, pour laquelle aucune solution ne saurait les contenter, croit-on que les octrois et les monopoles de l'État feraient des exceptions en faveur des indigènes, pour que ceux-ci profitassent de leur faible solde ?

Même en Algérie, le tirailleur n'aime pas la ville européenne. Au bataillon d'Oran, il ne se présente jamais d'engagés : ils affluent, au contraire, en un centre indigène comme Relizanne.

En octobre 1896, les tirailleurs venus à Paris pour la visite du Tsar, eurent la nostalgie, après un mois dans la capitale, malgré toutes les attentions des Parisiens et les distractions que leur procura l'autorité.

Les obliger à tenir garnison en France leur paraîtrait une vexation, nous en sommes persuadés. Le désir de calmer les craintes des Algériens ne justifierait pas une pareille mesure.

Dans un conflit européen, le cas ne serait pas le même. Ils quitteraient leur pays avec enthousiasme. Au moment de la tension politique de 1905, les demandes d'engagement furent nombreuses au 2e tirailleurs. Il fut impossible de les satisfaire, le complet régimentaire était atteint.

Ni en fait, côté algérien, ni en droit, côté arabe, l'application aux indigènes de la loi de recrutement ne semble devoir soulever de sérieuses difficultés.

D'après les évaluations récentes pour le territoire civil où l'immatriculation des Arabes est terminée, la conscription peut nous donner par an 10 à 12,000 recrues dans chacune des provinces de l'Algérie[1].

Nous avons dans notre belle colonie une source incontestable de puissance militaire ; il s'agit de l'utiliser. D'abord étudions la question par rapport à l'infanterie.

Il faut poser en principe que nous exigerons des indigènes, comme des Français, 2 années de service ; cette durée est à peine suffisante pour former un tirailleur.

---

[1] Nous prenons comme base de nos évaluations la province d'Oran où la population est la plus faible. Comme on le verra plus loin (page 16), nous ne demandons que 1,000 appelés par an.

Coipel.   *

Avant d'être utilisable en campagne, celui-ci doit s'habituer à des effets, à des chaussures, à un équipement totalement différents de son ajustement habituel ; lui, rebelle aux travaux manuels[1], et qui n'a jamais placé un fardeau sur ses épaules, s'entraînera au port du sac. Tant que l'on s'obstinera à revêtir les tirailleurs de l'uniforme actuel, peut-être très commode pour les zouaves (?), le dressage du fantassin arabe sera long et difficile. Le général Lyautey a trouvé cependant, pour les groupes francs du Sud-Oranais, une solution pratique à cette question d'habillement. Il faudrait en étendre l'application.

Vouloir favoriser les remplacements et les rengagements, pour retenir les appelés, ne donnera pas de résultats plus favorables que ceux obtenus au 4e tirailleurs. Comme en Tunisie, les unités seront composées en général de soldats de 2 ans. Ce passage sous les drapeaux ne nous constituera pas de réserves. Dans la Régence, elles n'existent pas[2]. Si on les formait en cas de mobilisation, elles ne seraient pas immédiatement utilisables, à cause de l'accoutumance à notre uniforme. Dans une guerre, les unités de tirailleurs dont nous disposerions, sous le régime de la conscription, seraient celles formées dès le temps de paix.

Aucun militaire ne contestera qu'un bataillon de vieux soldats vaut mieux en campagne que deux et, dans certaines occasions, que plusieurs bataillons de jeunes troupes. Ceci est encore plus vrai pour les corps formés d'Arabes. Les indigènes d'Algérie sont de grands enfants qui ont des qualités remarquables, mais aussi d'énormes défauts. Pour en obtenir le rendement voulu et leur faire

---

[1] Le Kabyle est habitué aux travaux manuels ; mais, comme l'Arabe, il est incommodé par la tenue adoptée pour les tirailleurs.

[2] Ces réserves ont été constituées « sur le papier » depuis le mois d'avril 1904.

produire tout leur effet utile, il est indispensable qu'ils soient commandés par des chefs qu'ils connaissent, et surtout qui les connaissent. Le long séjour sous nos drapeaux des tirailleurs des trois premiers régiments arrive à fondre en un même esprit militaire la mentalité d'individus issus de tribus ayant des traditions différentes.

L'organisation actuelle de ces régiments nous donne des soldats uniques au monde. Conservons-la, si nous voulons augmenter en infanterie notre puissance militaire, par l'utilisation de nos indigènes d'Algérie ; recherchons d'abord la qualité et créons de nouveaux bataillons de tirailleurs recrutés par voie d'engagements et de rengagements.

« 1,500 turcos[1], 3 bataillons en ligne déployée, entraînés par des cadres français, ont infligé à 10,000 ou 15,000 soldats prussiens (5e corps) une véritable panique. »

« Une observation à tirer de la charge du 1er turcos, ajoute le général Bonnal, vise l'emploi que l'on pourra faire très avantageusement des troupes arabes encadrées par des éléments français, quand il s'agira de produire un gros événement sur les champs de bataille de l'avenir. Dix mille turcos, lancés au moment opportun sur le point d'attaque, produiraient l'effet d'un ouragan irrésistible. » Cette leçon d'un Maître fixe le rôle à réserver aux tirailleurs dans les luttes suprêmes de l'avenir. Les Arabes sont trop nerveux pour mener le combat d'usure tel que nous le comprenons. Il leur faut la solution rapide et violente. Plus que tout autre soldat, ils sont aptes, selon l'expression du règlement, « à s'engager irrévocablement et sans arrière-pensée, n'ayant qu'un but, celui d'aborder l'adversaire ».

L'effectif en infanterie d'une petite division, qui eût été suffisant dans les batailles de 1870, ne semble pas pou-

---

[1] Général Bonnal, *Frœschwiller*.

voir répondre à toutes les éventualités dans les luttes futures où se jouera le sort de la France. Dans la grande bataille, notre effort décisif s'exercera probablement contre le centre de gravité des forces ennemies.

Grâce à la merveilleuse aptitude à la marche de nos tirailleurs, le commandement, orienté par le combat et renseigné par les reconnaissances de toutes sortes, sur la situation du gros ennemi, peut amener à son point d'application, par une étape de nuit de 50 à 60 kilomètres, un corps de turcos, dont les différents éléments auraient été, au préalable, échelonnés vers leurs directions probables d'engagement. Ces troupes auront devant elles une armée, le général Bonnal, dans *La Bataille*, évalue celle-ci à 8 corps d'armée. Ces forces seront articulées. Pour enlever la décision suprême, nos tirailleurs devront produire des efforts successifs et en des points différents. Quatre divisions de tirailleurs de douze bataillons chacune, dont l'entrée en action aurait été préparée par des troupes européennes, nous paraissent l'effectif nécessaire pour produire « l'ouragan irrésistible » dans toute la zone de la manœuvre décisive.

Nos bataillons actuels des trois premiers régiments de tirailleurs, composés de vieux soldats valent encore ceux qui se sont immortalisés à Frœschwiller. L'uniforme de turco porté par les appelés tunisiens suffira pour produire l'effet moral recherché.

Il s'agit de créer en Algérie, d'après le mode actuel, dix-huit nouveaux bataillons de tirailleurs algériens. Dans la solution de ce problème, deux facteurs sont à considérer : la question budgétaire et la possibilité de recruter 16,000 indigènes.

Un tirailleur coûte environ 600 francs[1] par an. Les

---

[1] 650 francs par an, si l'on compte la pension de retraite.
Dans chacune des trois provinces de l'Algérie, les indigènes pen-

créations nouvelles exigeraient l'inscription au budget d'un crédit de 10,000,000 de francs. Cette somme représente, sans les frais d'hospitalisation, l'entretien des 25,000 recrues qui nous manquent chaque année. Pour une même dépense, nous disposerions d'éléments meilleurs. Si l'économie d'entretien des 25,000 recrues était escomptée d'avance, il serait encore possible d'affecter à de nouvelles unités indigènes une partie des allocations prévues pour les 25,000 rengagés que nous n'arrivons pas à trouver. Dans la question qui nous intéresse, la raison budgétaire n'existe donc pas. Les difficultés ne pourraient se présenter que dans le recrutement d'un pareil effectif.

Un moyen semble tout indiqué pour augmenter le nombre de nos unités indigènes. Pendant que nous tenons nos rengagés, gardons-les plus longtemps, imposons une durée plus longue de service, comme condition d'une pension de retraite. Sous le régime actuel, après douze ans, le tirailleur retraité a une pension insignifiante : 144 francs par an. C'est un malheureux dont le dénûment discrédite l'état militaire dans sa tribu. Si l'ancienne limite de vingt-cinq ans donnait des déchets trop sensibles, arrêtons-nous à celle de 20 ans. Libéré à cette ancienneté de service, le tirailleur aura une retraite convenable qui lui assurera une petite aisance et le fera envier dans son douar. Par ce procédé, nous aurons conservé 6,000 tirailleurs.

Il faut attirer par province 3,000 nouveaux engagés, et cela sans que le nombre nuise à la qualité. Tout d'abord

---

sionnés militaires forment en moyenne le cinquième de l'effectif des troupes indigènes entretenues.

Nous sommes bien loin du chiffre de 1,100 francs, qui avait été indiqué pour les besoins de la cause, en regard de celui de 800 francs que coûtait un tirailleur sénégalais avec toute sa famille.

une direction entendue à la tête des régiments de tirailleurs est indispensable. Sous le commandement des Colonels Pognard et d'Eu, le 2ᵉ régiment atteignit son apogée, les demandes d'engagements furent toujours très nombreuses. De plus, une augmentation et un meilleur choix des centres du recrutement donneraient des résultats appréciables. Quand on pense que, en Oranie, des centres indigènes comme Tlemcen, Relizanne, Cassaigne, Tiarret n'ont pas de garnison de tirailleurs pour recruter !

Enfin, comme en France sous l'ancienne monarchie, des sous-officiers recruteurs opéreraient dans les douars et le feraient avec succès pour peu que les Caïds fussent stimulés par les administrateurs (?).

L'appoint de solides bataillons n'est pas la seule ressource de forces militaires offertes par l'Algérie. Nous devons y trouver, sans bourse délier, une réserve inépuisable de cavaliers. C'est ici que l'application de la conscription aux Arabes, préconisée par le distingué Rapporteur du budget de la guerre, peut produire tout son effet, toute son extension.

Nous n'étonnerons personne en affirmant l'avis que l'Arabe[1] est plus apte au service dans les troupes à cheval que dans les troupes à pied. Par atavisme, c'est un cavalier hardi ; il a dans le sang l'amour du cheval ; il a aussi le préjugé de caste de l'homme monté. Dans sa vie nomade, il acquiert vite le sens du terrain. Sans instruction préalable, c'est un patrouilleur très habile. Très brave, très ardent à la lutte, la charge en furie est son fort. Il possède, sans dressage militaire, les qualités nécessaires à un cavalier en campagne. Personne ne nous le contestera. Cependant, M. le rapporteur du bud-

---

[1] C'est le contraire pour le Kabyle, montagnard habitué à la dure et par suite excellent fantassin.

get de la guerre a écrit, dans un document officiel, que les spahis étaient inférieurs aux tirailleurs ; et cette opinion est partagée par des officiers qui ont servi en Afrique. Si par hasard certains escadrons de spahis ont pu avoir des défaillances, par contre il en est d'autres, le 2e spahis notamment, dont la conduite, en garnison comme en campagne, prouve que l'élément indigène conserve toute sa valeur, aussi bien à cheval qu'à pied. Les différences constatées tiennent à l'encadrement. Si nos camarades de la cavalerie recherchent peu les régiments de spahis, où ils ne trouvent pas à satisfaire leur goût du cheval, il serait possible d'utiliser, dans une certaine mesure, l'excellent cadre des Affaires indigènes.

Certains maghzens manœuvrent comme des escadrons français. Ceux qui ont connu, en 1903, le maghzen de Taghit, ont admiré la précision et l'ordre dans les évolutions des cavaliers dressés par le capitaine de Susbielle. A l'Oued Nesli (janvier 1906), les lieutenants Maury et de Torquat, deux fantassins, entamèrent la charge à la tête des moghaznia et partagèrent la gloire de ce brillant fait d'armes avec le peloton de spahis du lieutenant Holz. Ils avaient devant eux la bande des Chambaas, combattants comme on n'en trouvera jamais en Europe. Nous pourrions multiplier ces exemples de la valeur de la cavalerie indigène, même semi-régulière.

Loin de nous l'intention de prétendre que des officiers des armes autres que la cavalerie sont plus aptes à tirer parti des Arabes à cheval ; nous émettons seulement l'opinion qu'à défaut d'officiers de cavalerie, le cadre des bureaux arabes fournirait un appoint très précieux au commandement des troupes indigènes.

La question de confiance réciproque entre chefs et subordonnés est plus facile à résoudre pour la cavalerie que pour l'infanterie. L'organisation en goums a déjà fait ses preuves ; sans revenir aux escadrons de smala, pour créer le lien moral entre les combattants d'une même unité, il serait nécessaire d'incorporer dans un même escadron les recrues d'une même tribu, qui le rejoindraient comme réservistes en cas de mobilisation. Les officiers de ces unités connaîtraient l'esprit des gens de la tribu qu'ils auraient à commander, ce qui leur serait d'un grand secours dans l'exercice du commandement, et, en campagne, secondés encore par les Caïds, ils auraient leurs unités bien en main. C'est en somme la mobilisation des goums, placés actuellement sous le commandement des administrateurs.

Sur ces bases, il nous paraît possible d'organiser, une très bonne cavalerie indigène et de tirer parti des ressources considérables que, dans cette arme, nous offre l'Algérie. Notons, en outre, que sous la forme du service dans la cavalerie, la conscription serait très acceptable pour les indigènes, d'autant plus qu'ils en ont déjà une notion, par la réquisition permanente au service armé à laquelle ils *sont astreints comme goumiers.*

Les résultats obtenus avec les moghaznia, après un court dressage, prouve qu'il faut peu de temps pour former à nos manœuvres les cavaliers arabes. Une période de 9 mois à 1 an de service, avec chevauchement entre deux appels consécutifs, serait suffisante. Comme pour la cavalerie irrégulière, chaque conscrit *amènerait sa monture.* Il toucherait par jour, outre la nourriture de son cheval, une indemnité fixe de 2 fr. 50.

Si on enrôlait dans les spahis 10 p. 100 du contingent indigène annuel, nous disposerions de mille cavaliers environ par province, à répartir entre deux régiments de 5 escadrons. L'escadron aurait un noyau de 50 rengagés, gradés compris, et serait encadré par 7 officiers, dont 3 indigènes, avec un capitaine et deux lieutenants.

Les indigènes appelés serviraient 9 ans dans la réserve et seraient astreints à une période d'exercices de deux mois dans la troisième année de réserve. La mobilisation de ces réservistes nous donnerait dans chacune des provinces 10,000 cavaliers formés à notre façon de combattre. Avec la moitié de ces cavaliers (effectif actuel des goums organisés du territoire civil), on formerait 10 escadrons par régiment par le dédoublement des escadrons actifs, soit 80 escadrons de spahis, en Algérie et en Tunisie. Sans qu'il en coûtât un centime au budget, notre cavalerie arriverait à égaler comme nombre la cavalerie allemande. Pour la qualité, la balance serait en notre faveur, avec 12,000 cavaliers arabes, solides en selle et solidement montés.

Cette organisation faciliterait la suppression de 4 sur 6 des régiments de chasseurs d'Afrique. Deux régiments à quatre escadrons suffiraient pour les provinces d'Alger et de Constantine et la Tunisie. La cavalerie européenne de la province d'Oran serait constituée par le régiment de cavalerie de la Légion Étrangère, dont la création a fait l'objet au Sénat d'un projet de loi déposé par le général Langlois.

Cette utilisation de nos forces indigènes, toute crainte d'insurrection nous paraissant chimérique, nous permettrait, en outre, de retirer de l'Algérie la majeure partie du contingent métropolitain[1].

Les colons algériens nous fournissent pendant deux ans 8,000 soldats ; 6,000 d'entre ceux-ci alimenteraient 12 bataillons de zouaves (4 régiments à 3 bataillons), le reste servirait dans la cavalerie, l'artillerie et les différents services ; la métropole fournirait comme appoint quelques centaines d'hommes, au lieu des 13,000 soldats du régime actuel.

---

[1] Nous concevons l'envoi en Algérie de bataillons sénégalais comme un moyen d'assurer la sécurité propre de cette colonie. Les Sénégalais, à cause de leur défaut d'acclimatement, sont absolument inaptes à la guerre en Europe. Après un mois de campagne au printemps, ils seraient tous décimés par des affections des voies respiratoires.

Dans cette étude sur l'emploi dans notre armée des éléments indigènes de l'Algérie, nous avons en vue la guerre en Europe. On ne manquera pas de nous demander s'il serait possible d'amener, en temps voulu, les troupes d'Algérie sur notre frontière de l'Est.

Sans entrer dans l'examen détaillé de cette question qui est assez complexe, considérons comme acquise la faculté de faire traverser la Méditerranée à nos transports, soit que la mer reste libre, soit que notre flotte, ayant eu à lutter contre un seul adversaire, en ait été victorieuse. (Ne nous faisons pas illusion sur la difficulté de la mission confiée à la marine, à cause de la dispersion des ports d'embarquement des troupes.)

Pour mobiliser la flotte marchande et envoyer en Algérie les transports de l'État, si malencontreusement stationnés à Toulon, six jours sont nécessaires. D'après nos calculs, l'armée d'Afrique nous mobilise 48 bataillons de tirailleurs, 80 escadrons de spahis, 12 bataillons de zouaves (tel nous paraît être l'ordre d'urgence des transports). L'opération de la traversée exigerait 8 jours. Elle sera terminée le quatorzième jour de la mobilisation. (Nous avons largement compté le temps.)

Dès le douzième jour vraisemblablement, les voies ferrées qui, de la Méditerranée conduisent vers l'Est, seront disponibles pour les troupes d'Algérie. Si, à partir de ce moment, nous acheminions vers la Lorraine les premiers éléments débarqués, les dernières unités seraient rendues le seizième jour de la mobilisation.

C'est précisément à ce terme que les prévisions des écrivains militaires les plus autorisés[1] fixent le point de maturité de la bataille.

Nos forces africaines arriveraient donc en temps utile. Si l'aide de l'Angleterre nous était assurée, la solution du

---

[1] Général BONNAL, *La Bataille.*

problème serait grandement facilitée. Mais, dans nos calculs, nous avons voulu ne compter qu'avec nos propres moyens. Dans ces conditions, il n'y aurait, semble-t-il, aucun avantage à vouloir dépasser pour nos troupes indigènes l'effectif de 48 bataillons et de 80 escadrons. Une telle visée serait même dangereuse, si elle devait se réaliser aux dépens de la qualité de ces belles troupes.

En résumé : 1º nous demandons, pour produire « l'événement » dans la zone décisive lors de la grande bataille en Lorraine, l'organisation en Algérie et en Tunisie de quatre divisions de tirailleurs de 10,000 à 12,000 hommes chacune. Ces divisions, dans les trois provinces de l'Algérie, seraient formées exclusivement de soldats de carrière recrutés d'après le mode actuel d'engagement et de rengagement ; 2º nous proposons — pour submerger complètement les lignes ennemies rompues par les attaques en masse de tirailleurs — la création par voie d'appel de 8 régiments de spahis qui, par dédoublement à la mobilisation, nous donneraient quatre divisions de cavalerie de 20 escadrons chacune.

Cette armée d'indigènes algériens est nécessaire pour emporter la victoire de haute lutte. Nous croyons avoir démontré qu'il est possible de l'organiser sans nouvelle charge budgétaire, sans mesures vexatoires pour les Arabes et sans émouvoir les susceptibilités des colons algériens.

Paris. — Imprimerie R. Chapelot et Cº, 2, rue Christine.

PARIS. — IMPRIMERIE R. CHAPELOT ET Cᵉ, 2, RUE CHRISTINE.